AF279064

LETTRE

SUR

LA SITUATION

A l'époque de ruine et de reconstruction sociale où nous vivons, chacun doit apporter à son pays son contingent d'idées, et l'obole du plus pauvre même a son prix.

Il est bien naturel, après un si grand naufrage, de se demander ce qui nous reste de nos espérances, de nos illusions, emportées par la tempête, et quelles instructions nous avons tirées des événements. S'il en coûte de renoncer aux rêves généreux qui nous charmaient dans les temps de sécurité profonde, il ne déplaît pas à l'homme sincère d'interroger sa conscience.

Nos opinions politiques sont ou doivent être le fruit de nos méditations, mais la justesse de nos appréciations dépend surtout des circonstances, qui impriment à nos sentiments diverses oscillations, et jamais les esprits n'ont été soumis à de plus grandes épreuves que de nos jours. Les deux derniers mois valent un siècle pour notre instruction. Comment penser de même, avant et après l'insurrection ?

On savait que le bon sens est rare en France et ailleurs; mais qu'est devenu le sens moral ? Je n'allais pas le demander à ces monstruosités, rebut de l'espèce humaine, mais que dire de ces défaillances si nombreuses parmi ce qu'on est convenu d'appeler les honnêtes gens qui, un pied dans la Commune, attendaient l'événement pour y mettre l'autre ; symptôme de décomposition !

Serons-nous périodiquement exposés tous les vingt ans à de tels bouleversements, et la société française est-elle destinée à périr, faute d'une croyance ? Non ! Que notre chute même serve à notre relèvement ! La maladie est connue, c'est le matérialisme. L'éducation morale est à refaire. Par qui ? — Surtout par le père de famille, dont l'autorité est insuffisante.

— Le suffrage universel était prématuré ; nous le jugeons à ses fruits amers ; il doit être modifié sans retard. L'électeur devrait avoir atteint sa grande majorité de 25 ans ; il devrait écrire lui-même son vote à la commune et payer un cens, aussi bas qu'on voudra, car celui qui n'a rien n'a pas un intérêt suffisant à la conservation d'un état de choses quelconque. Le candidat lui-même devrait avoir 30 ans révolus, et l'indemnité, qui assimile le mandat de député à une fonction publique, devrait être supprimée.

La France est épuisée et a besoin d'économie. Ce serait une charge de moins pour l'État, une prime enlevée aux médiocrités besogneuses, un honneur ajouté à la représentation du pays. Il faut bien en venir aux réformes reconnues justes, à la suppression des rouages inutiles, à la diminution des gros traitements, et inaugurer enfin avec la décentralisation l'ère des devoirs civiques, purement honorifiques.

Que nous vivions sous une vraie république non révolutionnaire, suivant l'heureuse expression de M. Guizot, ou sous une monarchie constitutionnelle ce qui revient à-peu-près au même, question de forme plus que de fonds, nous devons être ramenés vigoureusement sous l'autorité de la loi, et y être maintenus, pour ne plus être tentés par l'esprit d'aventure.

Nos deux premiers essais de République en 92 et 48 ont abouti par l'anarchie à la dictature, à l'usurpation, à la guerre, à l'invasion, à la ruine enfin.

Nos deux monarchies constitutionnelles de 1815 à 1830, sous la branche aînée des Bourbons, et de 1830 à 1848, sous la branche cadette, ont donné à la France, non sans gloire, 33 années de paix, d'ordre, de liberté et de prospérité inouïe.

Les prochaines élections seront les préliminaires d'une solution nécessaire, car le provisoire nuit à la reprise des affaires, même sous la plus sage des directions.

La France dans sa souveraineté sera appelée bientôt à choisir la forme de son gouvernement. Instruite par l'expérience, elle préférera celle qui lui offrira le plus de stabilité et de vraie liberté, les deux besoins de notre époque.

Quelques explications sont nécessaires à ce sujet.

La fusion est-elle faite ? Les uns disent oui, les autres non. Si elle est faite, qu'on le proclame hautement, qu'on en montre les preuves et les conditions, et que le peuple signe au contrat. Si elle n'est pas faite, qu'elle se fasse au plus vite, car sans fusion l'une ou l'autre des monarchies ne vivrait pas cent jours, et par elle la monarchie devient inébranlable. Si la fusion ne peut pas se faire, l'Empire est fait ; car la nation n'a plus foi dans la République depuis l'insurrection, dans laquelle les républicains ont plus ou moins trempé, ou contre laquelle ils ont mollement protesté et avec réticences. La République s'est ensevelie sous les ruines de son propre palais, l'Hôtel-de-Ville, qu'il faut bien se garder de relever, pour qu'elles conservent la mémoire des bandits de la Commune et lèguent aux générations futures une sainte horreur des discordes civiles.

L'opinion publique doit forcer la fusion, les élections du 2 juillet fournissent une excellente occasion de sortir de l'incertitude et du provisoire. Il s'agit de la manifestation d'un grand principe. Les jours des champs-de-mai sont revenus, où tout un peuple élevait son roi sur le pavois. Les plus honorables candidatures s'effacent devant les noms des prétendants eux-mêmes. La Monarchie sortirait ainsi tout armée, comme Minerve, non du cerveau, mais du vote populaire, et serait acclamée d'enthousiasme, sans secousse et sans lutte, par la France et l'Assemblée. Cette élection mettrait le sceau à la fusion en plaçant à côté du nom du roi légitime celui de son héritier, choisi et adopté par lui, le Comte de Paris. Cette union des deux branches de la Maison de Bourbon donnerait au gouvernement monarchique constitutionnel une force contre laquelle le dernier parti survivant, mortellement blessé, ne saurait prévaloir.

Allons donc franchement au but; votons pour le Comte de Chambord et pour le Comte de Paris ! Nous verrons refleurir ce gouvernement qui nous a donné tant d'années de prospérité, et qui fait le bonheur de presque tous les Etats de l'Europe. Nous conclurons avec eux des alliances qui, en assurant la paix générale, nous rendront notre influence, notre prépondérance même, et nous relèveront de nos immenses désastres.

Le patriotisme de M. Thiers n'hésitera pas à mettre au service de Princes qui lui sont chers et du gouvernement constitutionnel, l'autorité de sa *parole* et de son *expérience*.

J'insiste sur ce mot constitutionnel, car la France n'accepte la légitimité que sous bénéfice d'inventaire et, à cette condition *sine quâ non*. Légitimité et gouvernement constitutionnel se soutiennent l'un l'autre ; c'est pour cela qu'on veut la fusion. Ce n'est pas pour revenir à l'ancien régime que la France retourne à ses rois, c'est pour consolider l'Etat constitutionnel, on ne saurait le trop répéter. La légitimité fait peur à beaucoup de conservateurs constitutionnels, et la lettre du Comte de Chambord n'est pas faite pour dissiper leurs alarmes ; elle nous apprend ce que nous savions tous, que le Prince a de la religion, qu'il est catholique et dévoué au Saint-Siége ; mais elle fait pressentir des velléités de restauration en Italie. Cette lettre promet ce qu'on ne peut tenir, elle semblerait nuire à la cause même qu'on veut soutenir, et elle est susceptible d'éloigner ceux qu'on devrait rallier. La France ne veut pas et ne peut pas intervenir dans les affaires extérieures ; elle a assez d'embarras chez elle ; et d'ailleurs l'Empereur d'Allemagne, qui représente la force en Europe, ne le lui permettrait pas. Aucune Assemblée française ne sanctionnerait une politique si imprudente, il ne faudrait pas moins d'un coup·d'État pour y persévérer, et un coup-d'État c'est la déchéance ! L'Italie est armée et prête ; elle nous attend ; elle a pris ses précautions ; elle s'est alliée à l'Allemagne.

Que la monarchie constitutionnelle cherche à rap-
procher le Pape et le roi d'Italie, à leur faire signer un
concordat, rien de mieux ; car le spectacle peu édifiant
de discussions religieuses, surtout au sujet d'intérêts
temporels, nuit au spirituel et fait les philosophes et les
athées ; mais il y a loin de là à une nouvelle expédition
de Rome !

L'Italie, comme la France, tient beaucoup à son
gouvernement constitutionnel et au roi Victor-Emma-
nuel, qui suit à la lettre le pacte fondamental.

L'Italie aime et vénère Pie IX, et tient aussi à la
Papauté, qui est pour Rome un honneur et une source de
profits. Mais les Romains semblent avoir, je ne sais pour-
quoi, peu de sympathie pour le gouvernement ecclésias-
tique. Vouloir changer ce qui existe en Italie serait le
signal d'une formidable révolution. Ce qu'il y a de
mieux à faire, c'est de laisser au temps le soin de tout
arranger et de calmer les esprits de part et d'autre.

La lettre du Comte de Chambord n'a pas, à mes yeux,
l'importance qu'on lui attribue sur cette question. —
L'homme peut penser ce qu'il veut ; le roi constitutionnel
est arrêté par cette formule célèbre : le roi règne et ne
gouverne pas, formule qui protége encore plus les souve-
rains que la liberté des peuples. C'est en effet pour avoir
voulu gouverner, que Charles X, Louis-Philippe et Napo-
léon III ont cessé de régner. Le Comte de Chambord, roi
légitime, imais rappelé par la France, régnera comme
Louis XVIII qui tenait la charte pour une vérité. S'il en
était autrement, le sort des Stuart lui serait réservé, et la
France se jetterait encore dans les bras des Bonaparte.
Le Comte de Chambord évitera l'écueil ; il s'inspirera

de l'opinion publique et des besoins de la France ; il laissera gouverner le pays par les représentants du pays, assistés comme en Angleterre par une Chambre-Haute, et cette irresponsabilité sera le meilleur gage de la stabilité.

Malgré ces quelques ombres, je n'en persiste pas moins à croire qu'il soit d'une bonne politique de porter ses suffrages sur le Comte de Chambord et sur le Comte de Paris, qui personnifient la fusion, et sont appelés à clore l'ère de nos révolutions, par la réconciliation des partis, l'union des intérêts et le rétablissement du régime constitutionnel en France.

Lasalle, le 20 juin 1871.

ALBERT PIEYRE,

Ancien Membre du Conseil général du Gard.

NIMES. — TYP. SOUSTELLE, BOULEVART SAINT-ANTOINE, 9.

LETTRE

SUR

LA SITUATION

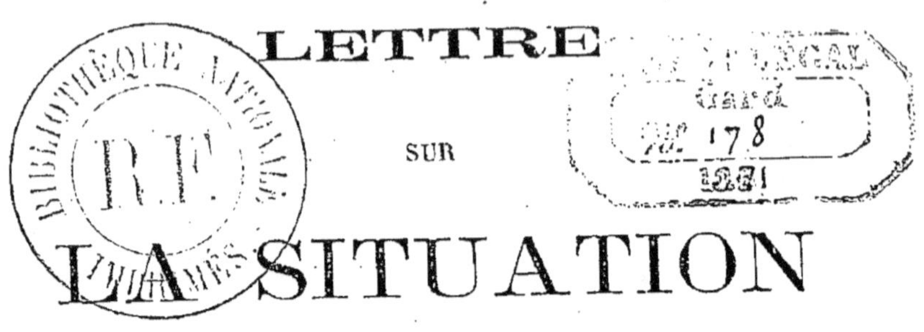

II

J'ai constaté, dans ma précédente lettre, que les maux dont notre société est travaillée provenaient du matérialisme, ou absence de toute idée morale, et de l'affaiblissement de l'autorité paternelle. Comme le mal me paraît grand, on ne saurait trop tôt s'occuper de le guérir, il est naturel de chercher le remède dans l'éducation.

L'éducation doit se proposer deux buts : faire des honnêtes gens et des hommes utiles, de là deux sortes d'instruction qui s'entr'aident mutuellement : direction religieuse, direction scientifique.

La religion est depuis longtemps victime de malentendus qui la défigurent ; on lui impute les abus, les fautes, les crimes mêmes commis en son nom ; on la confond avec la théologie quoiqu'elle ne lui ressemble guère.

La religion exclut l'ignorance, la superstition, le fanatisme ; elle prescrit l'humilité, le pardon des injures, le support mutuel, la charité, l'esprit de sacrifice, dont le divin Maître nous a donné l'exemple. L'Évangile en est la source, et dans l'Évangile le discours sur la montagne est un code de morale complet, que chaque enfant devrait se graver dans la mémoire et dans le cœur. Il est impossible que celui qui se sera raffraichi à ces eaux si pures, ne veuille poursuivre sa méditation, et de beauté en beauté il ira jusqu'au but du saint livre.

L'honnête homme est déjà fait ! la religion, symbole de consolation et d'espérance, est un besoin de la faible humanité ; tout nous y ramène, la souffrance, les malheurs et la philosophie même ! Nous l'implorons dans le désespoir, et nous l'oublierions dans la joie ! ce serait lâche. C'est à cette foi simple et bienfaisante qu'est due la prospérité des États.

L'autre éducation n'est pas immuable comme cette dernière ; elle est soumise aux exigences de la société moderne ; elle obéit aux progrès de la science. Ne pas avancer, c'est reculer en pareille matière. Notre malheur est d'avoir méconnu cette vérité et d'être resté en plein XVIe siècle, je ne suis point l'ennemi des études classiques, sans lesquelles nous ne saurions jamais bien notre propre langue ; je ne nie pas leur efficacité, comme gymnastique de l'esprit, ni l'heureuse influence qu'elles ont exercée sur les siècles qui ont suivi la renaissance ; mais l'antiquité étant imprimée, traduite, commentée, connue de nos jours, est-il utile d'y porter la même curiosité qu'autrefois ? d'autres besoins ne sont-ils pas nés des découvertes modernes , qui ont transformé le monde et multiplié les rapports des peuples entre eux ? N'est-il pas plus nécessaire de connaître les langues vivantes, que de savoir scander un vers latin, faire un discours plus ou moins Cicéronien, et tourner une phrase grecque ? Je ne prétends pas qu'on renonce tout-à-fait aux études classiques, je demande seulement qu'on donne satisfaction aux besoins de notre époque, et qu'on accorde la préminence aux langues vivantes sur les langues mortes, parce que nous cessions d'être vis-à-vis des autres peuples dans un état déplorable d'intériorité. Qu'on ne puisse être admis dans la carrière diplomatique et consulaire sans posséder plusieurs langues ! que le commerce et l'industrie, pour la médecine comme pour la législation, la connaissance des langues n'a pas moins d'importance.

Ces deux éducations sont nécessaires; la première surtout , car tout le monde doit et peut devenir honnête homme ; tandis qu'il n'est pas donné à tout le monde de devenir savant.

4

Les enfants de nos jours se sont affranchis
de l'autorité paternelle qu'ils ont prise pour
de la tyrannie, comme si les conseils d'un père
pouvaient avoir d'autre mobile que l'intérêt
même de ses enfants. La nature accorde même
aux êtres inférieurs cet amour, qui conser-
ve leur couvée. La loi semble avoir pris le
parti des enfants contre le père de famille ;
elle ne lui permet de disposer que dans une
certaine mesure du bien qui lui appartient en
entier et qu'il a acquis ; elle lui enlève une
partie de sa liberté ; elle se méfie de son juge-
ment sur le mérite de ses enfants, de là l'affaiblissement de l'autorité paternelle, les
enfants se sentent libres ; ils veulent être hommes avant l'heure, au risque de ne le devenir jamais ; leur ignorance ajoute à leurs pré-
somptions. Les pères sont d'autant moins
honorés, qu'ils sont peu craints. Les fils qui
respectent peu le père, respecteront-ils plus
tard les lois ? Les mauvais fils à-coup-sûr ne
peuvent être de bons citoyens. Cette tendance
doit être arrêtée par la loi, ou la paternité
serait menacée de devenir une mystification.
Que le père de famille rentre donc dans ses
droits d'arbitre souverain sur ses enfants ; le
père est naturellement porté à l'indulgence et
prêt à pardonner. La parabole de l'Enfant
prodigue sera éternellement vraie ; l'enfant
travaillera mieux, quand il comptera moins

sur la loi et plus sur son père ; des conseils sanctionnés par quelque peu d'appréhension seront mieux écoutés. L'enfant sera libre un jour ; mais le père doit l'être à tout âge, et sa liberté doit être encore respectée après lui.

C'est dans ce sens que la loi me paraît devoir être modifiée.

— La fille sera moins bien dotée peut-être, mais sûrement mieux mariée. Elle sera recherchée pour elle-même. Elle s'attachera plus aux choses solides ; la toilette sera la moindre de ses préoccupations ; la corbeille de mariage sera vite faite et à peu de frais ; ses vertus seront ses joyaux. Soigneuse, économe, instruite elle sera digne d'être un jour l'éducatrice de ses enfants. Le mariage n'en sera que plus saint et plus heureux, pour être dégagé de tout alliage impur.

Dans tout autre pays que le nôtre, généralement le fils suit l'état de son père ; chez nous quand le père a travaillé, le fils se repose, ce que le père a gagné, le fils le dissipe ; le plaisir coûte ; la bourse s'épuise ; l'héritage se vend ; les parasites s'en vont, quand la table est moins bonne ; la position empire ; devient désespérée ; que faire alors ? Les uns se jettent dans la politique, dans les partis extrêmes ; les autres se rappellent qu'ils ont un nom, vieux diamant de famille qui a déjà servi et qui servira toujours, tant qu'il y aura des sots. Le mariage sera leur planche de salut. On s'informe de la dot, point capital ; de la personne, après; les courtiers se mettent en campagne ; le marché est conclu ; on est bien élevé, on sera convenable; souvent on est heureux grâce aux qualités qu'on ne demandait pas, mais qu'on a trouvées par dessus le marché; on s'amende même, tant la vertu est aimable et puissante ! Je n'en aurais pas fini avec tous les calculs ; je me tais par bienséance. Pour l'honneur de l'humanité, tous les fils ne sont pas faits sur ce modèle ; mais l'œuvre infernale est bien avancée, et peut-il en être autrement avec tant de luxe et tant de besoins factices ?

Le séjour des villes a corrompu les mœurs, le foyer domestique n'a pas de plus dangereux ennemi que les cercles et les cafés, où l'on respire un mauvais air et où l'on n'apprend rien de bon. Les clubs, importation étrangère, où se trouvent réunis tous les raffinements du bien-être et du luxe, sont les grands dissolvants de la famille et de la société; ils remplacent peu à peu la maison; le ménage est négligé ; la femme tristement attend le soir son mari qui rentre à toute heure, et dans quelle disposition d'esprit?...

L'abus du tabac, l'usage des liqueurs, de l'absinthe surtout, produisent les plus tristes effets sur la santé publique, troublent la raison et abrègent la vie. Que l'impôt serve au moins à la moralisation et à la régénération de notre pauvre espèce ; qu'il pèse impitoyablement sur les objets inutiles et nuisibles, sur le luxe et sur le vice !

Le retour aux champs rétablira la santé morale ; là l'air est bon ; ce sera le salut de la société ! La propriété, mieux cultivée et plus économiquement, en rapportera davantage , les domestiques seront mieux entretenus ; on reverra cette race disparue des vieux serviteurs, qui faisaient en quelque sorte partie de la famille et soutenaient l'honneur de la maison. Les instruments agricoles se perfectionneront ; les animaux seront améliorés ; les bons exemples seront suivis; des rapports s'établiront entre voisins, et les bons principes se propageront pour que la gangrène des villes ne gagne pas les campagnes.

Avec le travail, force, santé, surabondance de biens et bonheur domestique ! Avec l'oisiveté, pauvreté , dépravation, dépopulation, isolement ! Quel contraste ! Entre ces deux perspectives, conséquences logiques du bien et du mal, qui pourrait hésiter ?

Lasalle, 7 juillet 1871.

ALBERT PIEYRÉ,
Ancien Membre du Conseil général du Gard.

Nimes.—Typ. Soustelle, boulevart Saint-Antoine, 9.